L'ESPRIT MONARCHIQUE

ET

L'Esprit Républicain

PAR

A. MOUSSEUX

Licencié ès-lettres

TOURS

IMPRIMERIE A.-C. BERTRAND

10, Rue de la République, 10

—

1888

L'ESPRIT MONARCHIQUE

ET

L'Esprit Républicain

PAR

A. MOUSSEUX

Licencié ès-lettres

TOURS

IMPRIMERIE A.-C. BERTRAND

10, Rue de la République, 10

—

1888

Ce travail s'adresse à tout le monde, quelles que soient la position, la fonction et les opinions de chacun. Il touche à des faits historiques que personne ne peut nier et à des principes de vérités universelles que personne ne peut contester. L'exposition des faits et des actes de la monarchie dévoilera l'esprit qui l'anime, comme l'explication des maximes fondamentales de la République montrera l'esprit qui l'inspire. J'examinerai la monarchie depuis son origine jusqu'à sa fin, ensuite la république dans ses principes et jusque dans ses conséquences. Je comparerai ces deux formes de gouvernement. De cette comparaison, il résultera pour nous une opinion et une conviction propres à nous servir de régle dans notre conduite politique et sociale, et à exciter notre zéle dans notre rôle de citoyens intéressés à l'avènement de la justice, à la prospérité et à la grandeur de notre pays.

Tours, le 20 août 1888.

L'ESPRIT MONARCHIQUE

ET

L'Esprit Républicain

Le vent redouble ses efforts,
Et fait si bien qu'il déracine
Celui de qui la tête au ciel était voisine,
Et dont les pieds touchaient à l'empire des morts.

LA FONTAINE.

I

Dès l'origine de notre nation, chez les peuples dont nous descendons, le principe de l'élection était en usage. Chez les Francs, celui qui avait montré le plus de bravoure était acclamé et proclamé chef, comme étant le plus digne et le plus capable de les conduire à la victoire. En Gaule, lors de l'invasion de Jules César, toutes les peuplades du pays viennent de leur propre mouvement se ranger sous les ordres d'un guerrier intrépide, l'arverne Vercingétorix. Ces libres choix, par lesquels tout un peuple manifestait sa gratitude, sa confiance et sa volonté, étaient, pour l'élu, la consécration de son autorité, et faisait la légitimité du pouvoir dont il était investi. C'était, dans sa forme simple et naïve, dans son élan spontané et unanime, l'application éclatante du suffrage universel, fondement de tout gouvernement républicain.

Ce régime, le seul conforme aux droits et à la dignité d'un peuple, n'eut pas le temps de se développer avec la société qui commençait ; il fut étouffé dans sa naissance ; le régime de l'hérédité monarchique le supplanta et prit sa place. L'orgueil et l'égoïsme suggérèrent aux chefs élus la néfaste idée de transmettre leur pouvoir et de le rendre héréditaire.

L'hérédité est légitime quand elle a pour objet le produit ou le prix du travail. Le travail de l'homme, étant le développement de ses forces et de ses efforts, l'application de ses membres, de ses organes, de son intelligence aux choses de la nature, qu'il transforme et qu'il crée, les choses créées par lui, sont de lui et sont à lui ; elles lui appartiennent en propre ; elles sont sa propriété. Nul autre que lui n'a le droit d'en jouir, nul autre n'a le droit d'y prétendre. Il est libre, non-seulement d'en user pour ses besoins, mais encore d'en abuser dans l'emploi qu'il en fait. Seulement, la sagesse lui conseille de ne pas la dissiper, de ne pas la laisser dépérir ; la bienfaisance l'invite à en répandre généreusement le superflu autour de lui ; la justice lui commande de la transmettre, à titre d'héritage, à ceux qui le touchent de plus près, ou, à défaut de ceux-ci, à tout autre de ses semblables à titre de don. Voilà la véritable hérédité, la seule qu'approuve la raison, la seule qu'admet la justice.

Il n'en est pas de même de l'hérédité monarchique ; elle ne se conçoit ni en fait ni en droit.

En fait : est-il rare qu'à un père actif et capable succède un fils paresseux et inepte ? Si quelques rois sont à la hauteur de leur mission, n'en rencontrons nous pas, et en grand nombre qui sont au-dessus ? Si l'histoire cite avec éloges Clovis, Charlemagne, Louis XI, Louis XIV, que peut-elle dire d'un Robert, qui n'est connu que pour avoir porté la chape et chanté au lutrin dans les églises ; d'un Charles VII, sous lequel la France fut réduite au territoire de Bourges, et que la légende, par dérision et par mépris, représente par un âne assis dans un fauteuil ; d'un Louis XV, qui, ne songeant qu'à ses plaisirs, perdit d'un cœur léger la marine et les colonies françaises ? Que peut-elle dire de tant d'autres ? Si elle mentionne quelques princes pacifiques et dévoués aux intérêts du peuple, ne nous en montre-t-elle pas une foule possédés de l'esprit de domination, toujours prêts à déchaîner la guerre, et qui semblent nés pour la ruine des nations comme pour le malheur du peuple ? Les faits nous prouvent donc que l'hérédité monarchique est absolument illogique

En droit : est-il licite qu'un personnage à qui on a confié la mission de gérer les affaires publiques, lègue son pouvoir à ses descendants, qu'il confisque la liberté et la volonté du peuple, qu'il regarde une nation comme sa propriété, comme une chose susceptible de passer d'une main à une autre par héritage, comme un troupeau de bétail qu'un père en mourant laisse à son fils ? S'arroger un tel droit est une entreprise injuste et sacrilége. L'homme ne relève que de lui-même ; il n'appartient qu'à celui qui lui a donné l'être, de qui il tient ses prérogatives et qui lui a tracé sa destinée. L'hérédité monarchique n'est donc pas seulement un outrage fait à la raison, mais encore une violation flagrante de toute justice. Elle n'est rien moins, de la part d'un monarque, qu'une forfaiture, un attentat, un crime: une forfaiture, parce qu'il profite d'un pouvoir qui lui est confié pour se l'approprier ; un attentat, parce qu'il foule aux pieds la liberté du peuple ; un crime, parce qu'il viole toutes les lois divines et humaines.

Pour faire accepter ou plutôt pour imposer cet acte odieux, nos rois ont recours à la superstition, ils invoquent le droit divin, et se font consacrer comme les évêques. Ce moyen, qui consiste à exploiter la crédulité et l'ignorance du peuple, est une exhumation des temps anciens. Darius obtint la royauté parce que son cheval avait le premier salué de ses hennissements les rayons du soleil, que les Perses adoraient. Des prodiges, qu'on appelle aujourd'hui miracles, accompagnèrent la naissance de Romulus ; il obtint la royauté parce qu'il avait vu douze vautours, tandis que son frère Rémus n'en avait aperçu que six, les oiseaux étant, chez les Romains, les interprêtes de la volonté divine. Lycurgue faisait croire qu'il était inspiré par les oracles ; Numa, par la nymphe Egérie; et Mahomet, par l'archange Gabriel. En tout temps, les usurpateurs et les imposteurs se sont plus préoccupés de se servir de Dieu que de le servir.

Supercherie religieuse et usurpation de pouvoir, telles sont l'origine et la base de la monarchie héréditaire. En la considérant maintenant dans ses œuvres et dans ses résultats, nous en connaîtrons l'esprit, comme c'est aux feuilles et aux fruits qu'on connaît l'arbre.

S'appuyant sur ce principe faux et trompeur que leur autorité vient du ciel, que c'est Dieu qui les a choisis et investis de leur pouvoir, eux et leurs descendants, les monarques s'intitulent rois par la grâce de Dieu. Ils se persuadent qu'ils sont pétris d'un autre limon que le reste des hommes, qu'il y a entre eux et le peuple la même distance qu'entre le ciel et la terre, et, dans l'aberration de leur esprit, ils se posent en demi-dieux.

Dès le berceau, on les comble d'honneurs, on leur prodigue les titres les plus pompeux, on les pare de décorations et de tous les insignes qui sont la marque de la supériorité. Assis sur le trône, ils s'entourent de tout ce qui donne de l'éclat, de tout ce qui éblouit, de tout ce qui fait montre de grandeur, de majesté, de puissance. On s'incline, on se prosterne devant eux comme devant des idoles,

A des idoles, il faut de l'encens et des hommages. C'est le rôle des courtisans d'en rassasier leur vanité, de les entourer comme d'une atmosphère de flatteries et d'adulations, de tourner leurs défauts en qualités, leurs vices en vertus, et d'applaudir à leurs passions. Aussi, les courtisanes ne tardèrent-elles pas à être introduites auprès d'eux avec leur cortége de charmes et de séduction ; et la cour des rois devint le séjour des fêtes, des plaisirs, de la débauche.

A l'origine de la monarchie, les Mérovingiens, qu'on a appelés rois fainéants, meurent tous à la fleur de l'âge, épuisés par les excès. Sous Charlemagne, les femmes avaient droit de résidence à la cour, et y menaient une vie déréglée. Les deux filles de ce roi, qui étaient, l'une et l'autre, religieuses, avaient des mœurs peu édifiantes et déshonoraient la cour de leur père. Louis-le-Débonnaire les renvoya dans leurs abbayes, et congédia avec elles un grand nombre de leurs trop aimables compagnes.

C'est surtout à partir de François 1er que la licence effrénée s'étala au grand jour. Il n'était pas rare alors que les mères des rois fussent elles-mêmes les proxénètes de leurs fils. Ainsi, François Ier connut la duchesse d'Etampes par l'entremise de sa mère, qui aimait le duc de Bourbon, et qui voulait se débarrasser de sa jeune rivale. Ce monarque était toujours accomgné de ses courtisanes, lorsqu'il allait en repas, en chasse et en simple visite. Il n'aurait jamais marché sans cette escorte, et elle était nombreuse. Au premier rang, s'avançaient ses maîtresses avouées, ensuite les femmes de ses favoris et des principaux dignitaires. Celles-ci étaient souvent primées par les dames qu'il avait choisies pour leur beauté et qu'il appelait la petite bande. Enfin, au dernier rang, arrivaient, sous la conduite d'une certaine Cécile de Viefville, des dames à gages et de bas étage, auprès desquelles les jeunes seigneurs allaient chercher, aux frais du roi, des plaisirs faciles. Dans l'entrevue qu'il eut avec le pape, à Marseille, en 1533, il conduisit toute sa cour pour recevoir plus dignement le Souverain-Pontife, et, ce qu'il y a de curieux, c'est que les dames de la petite bande, en raison de leurs charmes, firent partie du cortège papal.

Sous les successeurs de François Ier, la cour nous offre le même spectacle. Les noms de la comtesse de Chateaubriant, de Diane de Poitiers, de la belle Ferronnière, de Mlle de la Vallière, de Mme de Montespan, de Mlle de Fontanges, de Mme de Pompadour, et de tant d'autres, resteront à jamais célèbres dans les fastes ignominieuses de la monarchie française.

Telles furent les mœurs de nos rois par la grâce de Dieu. Le premier usage qu'ils firent de leur autorité, fut de lâcher le frein à leurs passions ; le premier exemple qu'ils donnèrent au peuple, fut de lui enseigner le vice par le déréglément de leur vie ; leur premier bienfait, fut de répandre autour d'eux la dépravation des mœurs.

A côté de ces passions honteuses, il en est une autre non moins funeste, qui agite sans cesse l'esprit des monarques, c'est l'ambition, c'est-à-dire, l'amour des conquêtes et de la gloire, comme si l'on pouvait appeler gloire les succès qui sont le hideux fruit de massacres humains. Or, l'histoire des rois n'est que le récit ininterrompu de leurs guerres. Les motifs les plus insensés, les causes les plus futiles, les prétextes les plus injustifiables, leur suffisent pour déchaîner ce fléau terrible. Pendant la féodalité, c'est un instinct pillard et batailleur, qui met sans cesse aux prises les seigneurs, dont l'unique passe-temps était la chasse et la guerre ; sous les Carlovingiens, ce sont les compétitions dynastiques, qui éternisent la lutte pendant tout un siècle ; c'est la superstition, qui suscite ces expéditions aventureuses, appelées croisades, qui ont pour but la délivrance du prétendu tombeau de Jésus, et dans lesquelles des bandes indisciplinées traversent l'Europe en détruisant tout, et finissent par périr de faim et de misère ; c'est la querelle entre Edouard III d'Angleterre et Philippe VI au sujet de la possession de la couronne de France, qui allume une guerre de cent ans; c'est l'intolérance religieuse, qui ensanglante la France d'une façon horrible ; c'est le désir d'imiter les exploits des paladins de Charlemagne, plutôt que ses prétentions au trône de Naples, qui pousse Charles VIII à entreprendre les guerres d'Italie, qui durent plus de soixante ans ; enfin ce sont des querelles de famille, des intérêts de successions. Voilà pour quels motifs les rois ont versé à flots le sang du peuple et causé les désastres lamentables dont il était seul victime,

La guerre, l'affreuse guerre est quelque chose d'infâme ; c'est la négation de toute société, de tout sentiment humain. Si un homme n'a pas le droit d'ôter la vie à son semblable, pourquoi serait-il permis à une réunion d'hommes, à des peuples, de s'entr'égorger ? Quel intérêt ont-ils à s'entre-détruire ? Quel besoin ont-ils de destruction, de sang et de carnage ? sont-ils faits pour descendre au rôle des bêtes féroces ? N'ont-ils pas une autre destinée ? Ne sont-ils pas nés pour vivre en société, pour entretenir entre eux des rapports conformes à leur nature, dont l'essence est la justice et la bienfaisance, dont la tendance est l'amélioration et le perfectionnement, dont le but est le bien et le bien-être ?

Mais les monarques, pour exercer leur domination, ont intérêt à armer les peuples les uns contre les autres, à étouffer en eux les sentiments de fraternité et d'humanité, à faire d'eux des ennemis acharnés, irréconciliables ; or, la guerre est un des principaux moyens dont ils se servent pour les diviser et les tenir plus facilement sous le joug.

Un autre moyen d'asservissement, c'est la religion, cet échaffaudage de dogmes absurdes et monstrueux que les prêtres ont construit sur le nom de Jésus, qui tend à supprimer la raison, la conscience, la liberté, et dont le but est d'entretenir l'ignorance, les préjugés et la superstition.

Une aspiration bien naturelle à l'homme, c'est le désir de s'instruire. Nous sommes conduits et entraînés, dit Cicéron, au désir de la connaissance et du savoir, et nous croyons qu'il est beau d'y exceller, tandis que nous regardons comme mauvais et honteux d'être dans l'erreur et l'ignorance. (1) Or, la religion se propose surtout de nous envelopper dans les ténèbres d'une ignorance dégradante ; c'est le principal caractère de sa mission. Des écoles avaient été fondées, il est vrai, par Charlemagne, mais elles étaient dirigées par les prêtres, qui n'y enseignaient que le catéchisme et le chant d'église. Plus tard, quand le besoin d'instruction devint irrésistible, ils accommodèrent l'enseignement à leurs vues et à leurs desseins. Ils proscrivirent l'étude des sciences, qui scrutent les secrets de la nature et qui n'admettent rien sans preuves et sans démonstration. Ils maudissaient surtout les inventions scientifiques et prétendaient qu'elles étaient des inspirations du

---

(1) *Omnes trahimur et ducimur ad cognitionis et scientiæ cupiditatem, in qua excellere pulchrum putamus ; errare autem, nescire, et malum et turpe ducimus.* Cicéron, *de officiis*).

diable. Ils emprisonnèrent Galilée, qui avait découvert que la terre tourne autour du soleil. Quand la première locomotive entra dans la gare de Tours, l'archevêque Morlot, invité à la bénir, ne trouva pas d'autres paroles que celles-ci : « Si tu viens au nom de Dieu, sois la bienvenue ; si tu viens au nom du diable, sois maudite. »

Quand une religion nous ordonne de croire et d'obéir ; quand elle nous condamne à l'incompréhensibilité, à vivre au milieu des miracles et, des mystères ; qu'elle nous enlace dans une immense chaîne de devoirs, d'obligations de prescriptions et d'exigences qui nous lient depuis le berceau jusqu'au tombeau ; qu'elle nous tient sous une discipline impérieuse qui ne nous laisse la disposition d'aucune partie de nous-mêmes ; quand elle change toutes les notions que la nature nous a données ; qu'elle nous dit que les pompes du monde ne sont que vanités, que les richesses ne sont que fragilités, que pleurer et souffrir est le bonheur, qu'être pauvre est la félicité, que la terre est une vallée de larmes ; qu'il faut abandonner son pére et sa mère, et dire à ses frères qu'on ne les connaît pas, nous sommes autorisés à nous demander pourquoi nous sommes doués d'intelligence, de raison, de sensibilité et de volonté, si nous ne devons pas nous en servir ; pourquoi Dieu nous a accordé ces dons, s'ils nous sont inutiles. Il nous a donc trompés, il s'est donc joué de nous. Non : ce sont les prêtres qui nous trompent ; ce sont eux qui sont le jouet d'une doctrine qu'on leur a inculquée dès l'enfance, en les séparant du monde, en déracinant de leur esprit les idées de sens commun pour y faire germer et croître des idées de convention, en façonnant leur nature par un long travail de transformation et de perversion. Quand l'erreur s'est incarnée en eux, on les charge de nous l'imposer d'autorité, souvent par la force et par la violence. Croire aveuglément, obéir servilemement : voilà le fond de tous les dogmes et de tous les préceptes religieux, voilà tout le secret de l'alliance de la monarchie et de la religion, du trône et de l'autel, poursuivant un but commun, la dégradation et la domination de l'homme. N'est-ce pas une des faces les plus odieuses de la tyrannie ?

Aussi, quelle était la condition du peuple sous cette monarchie guerrière et théocratique ? Le peuple était voué à l'ignorance et à l'abrutissement des préjugés. Habitant des chaumières mal closes, couvert, l'hiver comme l'été, de mauvaises souquenilles de toile, exposé à l'intempérie des saisons, vivant de légumes grossiers, il était constamment décimé par la famine, les maladies et la peste, qui accompagnent toujours la misère. N'ayant aucun droit, ne possédant rien, tout le fruit de son travail était pour son seigneur et maître. Travaillant comme les animaux domestiques, dont il subissait le sort, attaché comme eux à la terre, ayant la même existence et presque la même nourriture, faisant partie de la propriété, il était vendu comme eux avec le domaine. Considéré comme un être inférieur, comme une chose et non comme un homme, on ne le désignait que par l'appellation de serf, de vilain, de manant. Sa servitude était pire que celle des esclaves des peuples anciens. En présence de cette situation attristante, ses maîtres étalaient une orgueilleuse et outrageante quiétude, Ils prenaient les titres de souverains, de seigneurs et de nobles ; ils usaient avec profusion du fruit de ses sueurs et de son travail ; ils vivaient dans le faste, au milieu des jouissances de la vie, entourés de favoris, de courtisans et de courtisanes, sous les lambris de palais somptueux. Versailles, Fontainebleau, St-Germain, Compiègne, Chambord, Blois, Chaumont, Amboise, Chenonceaux, restent encore pour attester que, pendant nombre de siècles, il n'y eut en France que des maîtres et des esclaves, des oppresseurs et des opprimés, que, pendant nombre de siècles, les générations ont succédé aux générations, et que toutes ont gémi dans la même misère et ont été écrasées sous le même joug. Est-ce là la destinée d'un peuple ?

Non. L'homme n'a pas été créé pour vivre dans cet état d'abaissement et d'anéantissement. Il arrive un moment où sa nature se révolte et réclame ses droits et ses prérogatives.

Au XVe siècle, époque justement appelée renaissance, c'est-à-dire, passage de la mort à une nouvelle vie, des ténèbres à la lumière, la découverte des grandes littératures des peuples libres de Rome et de la Grèce, ramène la lumière dans les esprits éteints, et la découverte de l'imprimerie la propage. Alors, il s'opère un travail régénérateur qui ouvre un horizon nouveau. Des hommes de génie montrent la véritable voie. Descartes proclame l'autorité de la raison ; La Fontaine dénonce le droit du plus fort et l'orgueil des grands ; des princes de l'église eux-mêmes, subissant l'ascendant de la vérité et de la justice, ébranlent le trône sans s'en douter ; Fénelon, dans son *Télémaque*, fait la critique des errements du gouvernement monarchique ; Massillon, dans son *petit carême,* révèle les vices, la dépravation et l'opprobre des rois ; Bossuet, dans ses *oraisons funèbres*, brise les idoles royales ; d'une main puissante et implacable, il étreint les monarques les précipite du ciel où ils s'étaient orgueilleusement placés, les remet sur la terre, et les confond avec les autres mortels, en leur rappelant que Dieu seul est grand, qu'à Dieu seul appartient la gloire, la majesté et l'indépendance. Après eux, toute une pléiade de penseurs et de philosophes démontrent et font connaître les droits de l'homme et du citoyen. C'est ainsi qu'apparaissent aux yeux du peuple les premières lueurs de la vérité et de la justice, le premier rayonnement de la liberté et de la République.

A ce rayonnement, la révolution éclate. Le roi tombe. Le trône et l'autel sont renversés, brisés comme des instruments d'oppression, comme des objets d'horreur et de malédiction. Les péripéties tragiques et lamentables qui accompagnent toutes les révolutions désolent la France. Les monarques européens, poussés par l'esprit de solidarité, craignant pour leur trône et tremblant pour eux-mêmes, prennent les armes et réussissent à rétablir la monarchie.

La monarchie entre alors dans une phase nouvelle, qu'on appelle la restauration. Malgré des promesses de réformes et d'améliorations sociales, elle n'en demeure pas moins attachée au même esprit que l'ancienne monarchie. Elle octroie une charte,c'est-à-dire, une constitution organisant les différents pouvoirs : la royauté au sommet, ensuite les administrations, instruments nouveaux de gouvernement, mais aussi nouveaux instruments d'oppression.

La royauté, par une fiction hypocrite dont la formule est : le roi règne et ne gouverne pas, conserve son autorité arbitraire, se rend inaquittable et inviolable ; c'est sur le dos des ministres qu'on doit la frapper. Ce qui n'empêcha pas que les rois ne fussent chassés en 1830 et en 1848. Ces expulsions successives ne prouvent-elles pas que la monarchie n'est pas dans l'ordre des choses naturelles et tolérables, et que, s'il elle était restaurée demain, aprèsdemain elle serait renversée de nouveau ?

Le pouvoir exécutif est confié à des ministres responsables, tirés du sein du corps législatif et choisis par le monarque. Ce système engendre des compétitions suscitées par l'ambition ou par l'esprit de parti ; ces compétitions dégénèrent en attaques violentes et furieuses auxquelles les intérêts du pays sont complétement sacrifiés. Qu'est-ce que le peuple peut attendre de ces luttes insensées ?

Le pouvoir législatif composé de deux chambres, celle des sénateurs et celle des députés, ressemble à un char à double attelage, dont l'un tire par devant, et l'autre par derrière, qui fait deux pas en avant et deux pas en arrière, de telle sorte que, par suite de la neutralisation des deux forces contraires, il finit par rester à la même place. Qu'est-ce que le peuple peut attendre de cet organisme dérisoire ?

Les électeurs sont les censitaires à 200 fr. Ce système partage le peuple en deux classes distinctes : les riches et les pauvres, les bourgeois et les prolétaires, les repus et les affamés. La première domine insolemment par ses capitaux, la seconde mendie son travail, son pain, son existence. N'est-ce pas de l'asservissement ?

Le pouvoir administratif se compose d'une armée de fonctionnaires, disposant d'un formidable arsenal de lois, de décrets, d'ordonnances, de réglements et d'arrêtés, soit pour nous empêcher d'agir, de penser, de parler, de faire un seul pas en dehors de l'étroite limite qui nous est fixée, soit pour nous dépouiller d'une bonne part du fruit de notre travail sous forme d'impôts, de patentes, de licence et de toute sorte de contributions forcées. N'est-ce pas de l'asservissement?

La magistrature judiciaire, ouverte à la faveur et conférée par le souverain pouvoir, est le plus ferme soutien du despotisme. Elle est, par cela-même, dispensée de talent et de science d'honnêteté et de conscience. Auxiliaire servile, elle fait incliner la balance de la justice à sa guise et jusqu'à révolter la conscience humaine

Son arme est le code monarchique, composé il y a trois siècles pour protéger les forts et les grands et frapper impitoyablement les petits et les faibles. Sa cohorte est cette troupe cupide et rapace qui dépouille, détrousse et ruine d'une façon inique quiconque se trouvent engagé dans une affaire litigieuse et met le pied dans ces édifices qu'on décore du nom de palais de justice et qui sont des temples de Mercure plutôt que des temples de Thémis. N'est-ce pas là l'écrasement du peuple ?

Enfin, pour comble de tyrannie, arrive l'administration de la sûreté et de la force publique, c'est-à-dire, la police, l'armée, la prison, le bagne. Si un malheureux commet un crime ou un délit, dont la source est généralement dans la mauvaise organisation sociale plutôt qu'en lui-même, la prison ou le bagne l'attend. Qu'importe que sa femme et ses enfants meurent de faim ! Si d'infortunés citoyens, poussés par la misère ou exaspérés par l'injustice sociale, font entendre trop haut leurs plaintes ou leurs révendications, la police intervient, la force armée arrive. Le frère tue son frère ; qu'importent les sentiments de la nature ! Le fils tue son père ; qu'importent les sentiments de la nature ! qu'importe que sa mère et ses frères meurent de faim ! N'est-ce pas là l'écrasement du peuple ?

Cette immense chaîne administrative étreint le peuple, l'opprime, et ne lui laisse que le simulacre de la liberté et de la vie. Sous des apparences de libéralisme, la monarchie restaurée continue donc, non ouvertement mais hypocritement, la même tâche ignomineuse que l'ancienne.

Se placer au-dessus de la nature humaine pour exercer la domination ; user de toutes les jouissances de la vie jusqu'à outrager la morale ; soumettre le peuple à la plus odieuse servitude; favoriser l'ignorance et la superstition; inspirer aux peuples des sentiments d'inimitié et de haine; se jouer de la vie et des biens des citoyens, de l'honneur et de la dignité de l'homme; fouler aux pieds la justice et tous les droits : Tel est l'esprit monarchique.

II

Un gouvernement, pour être juste et légitime, doit correspondre aux instincts naturels de l'homme, se conformer à ses droits, et s'harmoniser avec le but de sa vie, avec sa destinée.

La monarchie légitimiste représentait l'hérédité, le droit divin, l'immobilité sociale, les privilèges, le partage du peuple en deux castes, l'une considérée comme d'une nature supérieure; l'autre, regardée comme d'une nature inférieure.

La monarchie orléaniste représentait l'aristocratie du capital, qui écrase le peuple; la faveur, qui le dégrade; la convoitise, qui le corrompt.

La monarchie bonapartiste représentait le despotisme militaire; l'esprit de conquête, qui aboutit deux fois à l'invasion; et l'amour de la gloire, payée par le sang de plusieurs millions d'hommes, sans qu'il en reste d'autre profit que le deuil, la ruine et le démembrement de la France.

Ces gouvernements répondent-ils aux aspirations du peuple? Non, assurément. C'est pour cela que, mû par un instinct secret, et outré par l'injustice sociale, il secoue de temps en temps ses chaînes, réclame, gronde et menace; c'est pour cela qu'il aspire à une situation meilleure et qu'il tourne ses regards vers la République. Mais, qu'est-ce que la République? Peut-on appeler République les révolutions de 1793 et de

1848 ? Nullement : la révolution est violente, c'est l'anarchie, tandis que la République est essentiellement pacifique, c'est l'ordre et la paix. Peut on appeler République le régime sous lequel nous vivons depuis dix-huit ans ? En aucune façon : ce régime n'est qu'un nom sans réalité, c'est la monarchie déguisée et travestie en République, c'est une mascarade gouvernementale, dans laquelle nous voyons paraître une foule d'ambitieux, qui, prenant un masque trompeur, se moquent sans vergogne du peuple et se font un jeu de ses intérêts les plus sacrés.

La vraie République n'est pas même la République patricienne de Rome, ni la République oligarchique et turbulente des Etats de la Grèce, ni la République aristocratique de Venise, ni la République fédérative comme aux Etats-Unis et en Suisse. La vraie République est un état social et un gouvernement dont le programme est simple, comme tout ce qui est vrai, et se résume en un seul mot : la **justice**. La justice embrassant la généralité des citoyens, quels que soient leur mode d'existence, leur situation et leur profession ; les réunissant tous dans une même famille, avec les mêmes droits, les mêmes devoirs, les mêmes charges, les mêmes avantages, les mêmes moyens de parvenir au bien être, sans préjudice pour personne ; enfin formant une société dégagée de toute illégitimité, de toute illégalité, de toute impureté, et composant un corps harmonieux, un et indivisible.

Or, la justice, c'est-à-dire, la pratique des droits et des devoirs, se compose de trois attributs constitutifs, la liberté, l'égalité et la fraternité, comme le triangle se compose de trois côtés, comme l'homme se compose d'un corps et d'une âme, comme l'arbre se compose de racines, d'un tronc et de branches. La justice n'est donc pas autre chose que la liberté, l'égalité et la fraternité, et, réciproquement, la liberté, l'égalité et la fraternité ne sont pas autre chose que la justice, qui les comprend et les résume.

Qu'est-ce que la liberté ? La liberté est à la fois la raison d'être de nos devoirs et la sauvegarde de nos droits. Elle est la raison d'être de nos devoirs, parce qu'on ne saurait nous astreindre à un devoir que nous n'aurions pas la liberté d'accomplir ; elle est la sauvegarde de nos droits, parce qu'on ne conçoit pas à quoi nous servirait un droit dont nous n'aurions pas la liberté d'user. La liberté est donc le fondement de nos droits et de nos devoirs. C'est pour cela qu'elle est inviolable. Supprimer la liberté, c'est supprimer nos droits et nos devoirs, c'est dégrader l'homme, c'est détruire l'être moral, c'est le rabaisser à l'état d'animal destitué de raison.

Qu'est-ce que l'égalité ? L'égalité est le caractère essentiel de nos droits et de nos devoirs. Nos droits et nos devoirs résultent de la constitution de notre nature : nous sommes pourvus de membres, d'organes et d'intelligence ; nous avons l'obligation et le devoir de nous en servir pour vivre et pour accomplir notre destinée, sinon nous serions frappés de déchéance et de mort. Nous avons, par conséquent, le droit d'en faire respecter l'exercice par nos semblables. Or, nous sommes tous organisés de la même façon ; nous sommes tous munis de deux jambes et de deux bras, de deux yeux et de deux oreilles ; nous sommes tous doués d'intelligence, de raison et de jugement ; nous avons donc tous les mêmes droits et les mêmes devoirs, nous sommes donc tous égaux. L'égalité est inviolable comme la liberté, parce qu'elle tient au fond même de notre nature. Violer le principe de l'égalité est une atteinte portée à notre nature même.

Il y a des gens qui, par ignorance ou par

mauvaise foi, avancent que l'égalité est une erreur et une utopie. L'égalité, disent-ils, n'existe pas dans la nature. On ne rencontrerait pas deux hommes parfaitement égaux : les uns l'emportent par leur taille, leur force ou leurs formes ; les autres, par leur intelligence ; c'est le jugement qui domine chez ceux-ci ; chez ceux-là, c'est l'imagination ; il y a des hommes supérieurs, des hommes de génie, et des hommes dont l'esprit est plus ou moins borné. On ne trouverait même pas deux feuilles égales et semblables sur le même arbre. Ce jugement est faux. L'inégalité qu'on remarque entre les hommes, n'est pas un caractère essentiel de leur nature ; elle résulte des conditions fortuites et accidentelles dans lesquelles ils naissent, vivent, et se développent. Dans les pays de montagnes, par exemple, si une vallée est large et ouverte, l'air y est pur, le soleil la remplit de sa lumière et de sa chaleur, et les habitants y sont vigoureux, actifs et intelligents; si elle est étroite et fermée, l'air y est stagnant et chargé de miasmes, le soleil n'y pénètre que rarement, et les habitants sont des goîtreux et des crétins, ayant à peine les instincts des animaux. Cette inégalité n'est donc qu'un fait accidentel. Aussi, guidés par notre instinct naturel, nous devons tendre à nous placer dans les conditions les plus favorables à notre développement physique, moral et intellectuel ; c'est en vertu de cette tendance que nous aspirons à l'égalité qui est une loi éternelle et universelle.

Qu'est-ce que la fraternité ? C'est la perfection du devoir, c'est le devoir sortant de son domaine propre pour s'élever jusqu'au dévouement. Un exemple nous le fera comprendre : dans un village, un homme possède une petite propriété, dont le produit suffit à son existence et à celle de sa famille, mais dont la culture ne réclame pas toutes ses journées ; il travaille pour ses voisins, qui en le payant s'acquittent de leur devoir. Il tombe malade au moment de la récolte; tout va être perdu. Ses voisins se réunissent en nombre, rentrent et mettent à l'abri sa récolte en une demi-journée et gratuitement : Voilà la fraternité, dont le mobile est la bienfaisance.

La liberté, qui est le fondement de nos devoirs et de nos droits ; l'égalité qui en est l'essence ; la fraternité, qui en est la perfection, tels sont les principes qui sont la base d'un état social républicain.

Il importe que les citoyens fassent passer ces principes de la théorie à l'application ; qu'ils se réunissent et s'entendent entre eux, pour les déterminer d'un commun accord, les régler et les formuler par des lois.

Comme il est matériellement impossible à 36 millions de citoyens de s'assembler pour cette opération, ils sont forcés de déléguer leur pouvoir à un petit nombre d'entre eux, à ceux qui leur paraissent les plus dignes de leur confiance par leurs lumières, leur talent et leur honnêteté. Cette délégation est l'œuvre du suffrage universel.

Ainsi institués, nos délégués sont revêtus d'une autorité incontestable. Ils se réunissent en assemblée pour accomplir leur mission, c'est le corps législatif. Ils choisissent parmi eux ceux qu'ils jugent capables de faire exécuter et respecter les lois qu'ils ont élaborées, c'est le ministère ou pouvoir exécutif. Cette organisation gouvernementale est simple ; un état républicain n'en comporte pas d'autre. En effet, pourquoi deux chambres ? Si elles ont le même objet, l'une des deux est à supprimer. Si le président du ministère est chef du pouvoir exécutif ; si le président de la République est aussi chef du pouvoir exécutif ; il y en a un de trop.

Ce qui n'est pas utile est nuisible. Il ne doit donc pas y avoir deux fonctions pour la même attribution de pouvoir. Tel est le principe d'un gouvernement républicain.

Les grands principes, les uns sociaux, l'autre gouvernemental, composent toute la constitution ; grâce à eux les droits et les devoirs des citoyens se développent sans encombre et avec des résultats propres à satisfaire le corps entier de la nation.

Le premier droit de l'homme et du citoyen, c'est le droit à l'existence. J'insisterai sur ce droit, parce que c'est le droit primordial, dont tous les autres découlent, parce qu'il est généralement mal compris et mal interprété, enfin parce qu'il dissipe plus d'une erreur sociale, plus d'une utopie, dont les ennemis de la République se servent pour la combattre.

Pour vivre, nous devons songer d'abord à pourvoir à nos besoins matériels sous peine de mort. L'homme, comme la société, est soumis à cette condition première et indispensable, à cette nécessité. Il faut qu'il paie sa dette à la nature, qu'il se procure le boire et le manger. C'est pour lui un devoir qui correspond à son droit de vivre. Car partout où il y a un droit, il y a un devoir.

Si la satisfaction des besoins physiques est un devoir à accomplir en même temps qu'une nécessité, il en résulte que le travail, qui pare à cette nécessité et qui nous procure les moyens d'existence, est aussi un devoir, et qu'il est, comme tout devoir accompli, un mérite et un honneur. Aussi l'aisance qui est le résultat du travail soutenu et persévérant, mérite-t-elle que l'opinion publique lui accorde son estime et sa considération. Dans les monarchies, le travail est considéré comme une contrainte, comme une tâche dégradante et déshonorante, tandis que d'après les maximes républicaines, le devoir, en imposant le travail, lui restitue son rang, le relève et l'ennoblit. Cette différence qui fait la honte de la monarchie honore la République.

Mais il ne faut pas s'imaginer que le travail ait pour but de satisfaire les exigences de nos désirs, et des passions qui nous assiègent sans cesse, ne sont jamais assouvies et ne nous lâchent que lorsqu'elles nous ont détruits ; que nous puissions crier comme les romains, du pain et des spectacles. (1) Quand une nation en est là, elle est perdue. Rome n'avait pas besoin des barbares pour consommer sa ruine ; son luxe et sa corruption suffisaient. Le but du travail est autrement important. Il consiste à apaiser nos besoins dans ce qu'ils ont de légitime, à entretenir notre vie et notre activité afin que nous soyons capables d'accomplir une tâche plus noble et plus élevée, l'amélioration de notre vie intellectuelle et de notre vie sociale.

Si c'est une erreur de croire que le travail peut, sans déroger au devoir, servir nos passions, c'est une erreur non moins grande de penser qu'il tire son origine de la propriété ou du capital ; ce serait la subversion de tout ordre social. Par exemple : un homme naît ne possédant rien. Il travaille, il économise, il parvient à se faire un capital, je suppose, de 1,000 francs. Il transforme ce capital en une propriété immobilière, un champ. Il le cultive, l'ensemence et en recueille la récolte, qui sert à sa subsistance. Un autre homme né, comme lui, dénué de tout, l'aborde et lui dit : « Donne-moi une partie de ton champ, partageons, afin que je puisse travailler et vivre, car j'ai droit au travail et à l'existence aussi bien que toi. » La prétention de cet homme est ce qu'on appelle le communisme. Comme les communistes, les socialistes

(1) *Panem et circenses.*

de tout nuance font le même raisonnement. Partant d'un principe faux, ils aboutissent à une conséquence absurde et irréalisable. Ce n'est pas la propriété qui est l'origine du travail, c'est au contraire le travail qui engendre la propriété ou le capital. Leurs utopies sont radicalement contraires aux principes de la République. Ils ne se doutent pas qu'ils ressemblent au parasite qui, trouvant une table toute préparée, dirait : « J'ai droit à ma part du festin. » La propriété et le capital ne sont pas des richesses toutes faites. Elles sont le fruit du travail qui les crée, l'œuvre de la personne qui travaille, et voilà pourquoi elles sont inviolables comme la personne elle-même.

Si la propriété n'appartient qu'à celui qui la crée, ce n'est pas une raison pour qu'elle ne serve pas à ceux qui ne possèdent rien, et qu'elle ne soit à leur disposition pour en acquérir une à leur tour. La propriété ne peut subsister et durer qu'à une condition, c'est qu'elle soit exploitée et mise en état de production, sinon elle ne tarderait pas à dépérir, comme tout ce dont on ne se sert pas, à être épuisée comme tout ce qui ne s'alimente pas. Or cette exploitation se fait par le travail de ceux qui ne possèdent rien, et comme le produit du travail est la propriété même, il en résulte que le vieux système monarchique des maîtres et des esclaves, des patrons et des ouvriers, du capital et du salaire, s'écroule de lui-même ; il en résulte que les rapports du travail et du capital, qui n'est que du travail réalisé et accumulé, sont, de droit, considérés comme une association en vue de la production, et que les bénéfices de la production doivent être répartis selon la part contributive des deux parties associées, le capital et le travail ; il en résulte que les propriétés naissent constamment l'une de l'autre sans jamais se détruire. Ce roulement incessant du travail alimentant la propriété et de la propriété alimentant le travail, est une chose admirable. Le résultat n'en est pas moins admirable. D'un côté, les propriétés se multiplient ; d'un autre côté, les propriétés nouvellement créées tendent à croître, à grandir et à atteindre le niveau des anciennes, sans nuire au développement de celles-ci. Ainsi se réalise une des grandes lois de la nature et l'un des grands principes républicains, l'égalité, dans son application aux richesses et au bien-être.

Le travail nous procure un autre avantage que le bien-être, c'est notre progrès intellectuel et notre perfectionnement moral. La richesse, produit du travail et les machines qui travaillent pour nous et multiplient la production, économisent notre temps et nous laissent des loisirs que nous avons l'obligation de consacrer à une autre sorte de travail, le travail intellectuel. Il répond à un autre besoin de notre nature, le désir de connaître, de nous instruire, d'explorer tout ce que renferme la nature, tout ce qui touche à ses lois. Ce travail intellectuel est un devoir comme le travail matériel, avec lequel il contribue à notre bien-être, tout en nous offrant des jouissances morales qui ne sont pas étrangères à notre bonheur. Comme le travail matériel propage la richesse, de même le travail intellectuel propage la science, multiplie les connaissances et répand les lumières sur toute la nation.

Quant au perfectionnement moral, c'est encore le travail qui en est la source. Les journées consacrées au travail sont autant de jours enlevés aux passions. Les loisirs nécessaires au renouvellement de nos forces épuisées réclament le calme, le repos, les distractions ; et les passions ne nous trouvent guère disposées à écouter leur voix. C'est surtout dans l'oisiveté et la paresse quelles nous attaquent avec le plus de succès. Ce n'est pas sans raison qu'on a dit que la paresse est la mère de tous les vices. Celui qui travaille, est donc à l'abri des passions. C'est ainsi que, grâce au travail, s'accomplit le perfectionnement moral chez l'homme et dans la société.

En résumé. Notre droit à l'existence est fondé sur le travail, qui est un devoir sacré et dont les bienfaits sont inexprimables. Il prime la propriété qui n'existe et subsiste que par lui. S'il cessait une année seulement, la terre se couvrirait d'épines et de ronces au lieu de moissons ; elle redeviendrait ce qu'elle était à l'origine du monde, telle que nous la représente la Genèse (*), elle serait improductive et déserte. L'industrie, le commerce seraient anéantis. Ce serait la ruine générale, la misère, la famine, la mort. Enfin, en favorisant notre développement intellectuel et notre progrès moral, il nous conduit, par la civilisation, à notre fin suprême, à notre destinée.

Nous en concluons que le travail est la grande loi de la nature et des sociétés ; et que la nation la plus prospère, la plus civilisée et la plus heureuse n'est pas celle où les productions et les richesses sont considérables, agglomerées et détenues en un petit nombre de mains, mais celle où elles sont divisées et où tout le monde travaille.

Je me suis étendu sur notre droit à l'existence, que domine la grande loi du travail. Il serait superflu désormais d'entrer dans de grands détails sur nos autres droits, parce qu'ils en découlent, qu'ils se comportent de la même façon et qu'ils visent au même but. Il suffit qu'on sache que tous nos besoins, toutes nos facultés nous créent des droits et des devoirs placés sous la protection de la liberté. Nous

(*) *Terra autem erat inanis et vacua.*

avons la faculté de penser, de discerner le vrai du faux, le juste de l'injuste, le bien du mal ; il en résulte que nous avons la liberté de penser, d'émettre nos opinions, de croire ou de ne pas croire, la liberté d'agir et la liberté de conscience. Nos droits, nos devoirs et notre liberté n'admettent aucune restriction, aucune limite, aucune intervention étrangère, parce que, par leur nature, ils sont conformes à la justice, dont ils tirent leur origine.

Enumérons rapidemement les conséquences de l'application de ces principes généraux et les avantages que nous sommes en droit d'en attendre.

Les députés, soustraits à toute question d'intérêt personnel, enfermés dans le cercle des principes sociaux, qui sont des axiomes constitutionnels et indiscutables,n'ont qu'à en déduire les applications, à travailler logiquement, au lieu de se disputer sans s'entendre, de se quereller sans être jamais d'accord, de parler sans agir et seulement pour faire parade d'éloquence, comme si un grain de bon sens, de sens pratique sorti du cerveau du moindre des campagnards, ne valait pas mieux que les flots de paroles creuses qui sortent de leur bouche, et qui ne sont que le signe de leur fatuité.

Les lois ne sont plus uniquement des lois de compression et de répression, des loi ambiguës équivoques, et susceptibles d'être interprétées d'une façon au midi, d'une autre façon au nord, des lois à tout usage. Elles sont surtout des lois sociales, claires comme la vérité, précises et impartiales comme la justice, dont elles émanent.

Les administrations, dans lesquelles la royauté a déposé tout ce qu'elle avait de génie tyranique, se simplifie ; les fonctions inutiles disparaissent au profit de notre liberté et de nos finances.

Les propriétés, soit mobilières soit immobilières, se multiplient et assurent l'existence de tous les citoyens. Quant aux infirmes, aux déshérités de la nature, la fraternité se charge de leur assurer la même existence qu'à ceux qui sont pourvus de tous leurs membres, de tous leurs organes, de toute leur intelligence.

Le travail est réhabilité, il prime la propriété, il reçoit la récompense due aux services qu'il rend. Il préserve de l'oisiveté, de la paresse, de la débauche ; il éloigne les passions et exerce une salutaire influence sur les mœurs des citoyens et de la nation.

La liberté éteint les séditions et les révoltes ; l'égalité supprime la faveur et les privilèges, par conséquent, l'envie, la jalousie, les discordes et les haines, qui sont généralement la source des crimes et des délits.

Au nom du droit à l'existence, du respect de la propriété et des sentiments de fraternité, la guerre est à jamais bannie et reléguée dans son domaine propre, celui des bêtes féroces, chez lesquelles la force prime le droit. Quiconque serait assez dénaturé pour prononcer une semblable parole, serait jeté aux gémonies, comme indigne d'appartenir à la race humaine et de faire partie d'une société.

La simplification du régime gouvernemental et du système administratif réduit considérablement les impôts qui nous écrasent. Si la ligue des monarques qui nous menacent, nous permettait de simplifier aussi l'administration de la guerre et de diminuer l'armée, les impôts descendraient à un chiffre imperceptible, qui équivaudrait presque à une suppression.

Ainsi, prendre la justice pour base de gouvernement, assurer à tous les citoyens le libre exercice de leurs droits et de leurs devoirs, bannir l'arbitraire, les préjugés, les erreurs, les fausses doctrines, répandre les lumières et les saines idées, réhabiliter le travail, faire régner l'ordre et la paix, améliorer la nature de l'homme, marcher vers la civilisation : voilà l'esprit républicain.

Il y a donc un abîme entre l'esprit de la monarchie et l'esprit de la République. Celui-ci est la manifestation du vrai, du juste et du bien ; celui-là est l'expressiou du faux, de l'injuste et du mal. Il y a en ce moment un antagonisme formidable entre les deux, entre la monarchie, dont les grands sont les égoïstes bénéficiaires, et la République, que le peuple revendique justement. Il ne faut pas s'y tromper ni chercher bien loin la cause de l'alliance des monarques européens. Ils l'annoncent hypocritement comme une ligne de paix, mais au fond elle n'est qu'une coalition dirigée contre l'esprit républicain qui domine en France. Le brutal despotisme prussien en est l'âme et la principale force. Le but de cette coalition, qui se révèle par un formidable déploiement d'engins meurtriers, et qui fait présager le carnage le plus épouvantable, est de procéder à un nouveau démembrement de la France, de la déchirer comme autrefois la Pologne, de s'en partager les lambeaux sanglants, de la réduire, de l'enfermer dans d'étroites limites, et de la laisser affaiblie, abattue, sans puissance et sans vie. Si cette heure funèbre sonnait jamais, nous reculerions de plusieurs siècles, la civilisation serait arrêtée, et le règne du despotisme triomphant serait assuré pour un nombre incalculable d'années.

Nous nous trouvons donc aujourd'hui en présence d'une crise grave, en face des adversaires de l'intérieur et des ennemis de l'extérieur. Il s'agit pour nous aujourd'hui d'être un peuple libre, marchant au bien et au bien-être, ou un peuple asservi, condamné à une vie misérable ; d'être une nation grande noble et puissante, ou une nation mutilée, méprisée et de dernier ordre. Le dénouement de cette crise est d'une haute importance, non-seulement pour nous, peuple français, mais encore pour les peuples de l'Europe. Nous avons à conjurer un péril imminent et à nous assurer la victoire par l'établissement définitif de la République. Nous avons entre les mains l'instrument de cette victoire, c'est le suffrage universel. A nous de vouloir et de savoir nous en servir.

Nous devons apporter une extrême prudence dans le choix de nos députés, qui sont nos délégués, nos mandataires, nos fondés de pouvoir. Gardons-nous, avant tout, de nous laisser tromper par eux. Ce qui caractérise notre époque, c'est la platitude, la ruse et le bavardage. On sollicite nos suffrages avec force promesses; mais, ne l'oublions pas, les uns, les riches et les réactionnaires, c'est pour nous faire reculer et nous atteler, comme des bêtes de somme, au char qui doit les porter ; les autres, les nécessiteux, c'est pour arriver à une position et nous faire servir de marche-pieds. Quand on lit les proclamations électorales, on ne peut s'empêcher de hausser les épaules ; quand on pénètre au sein des assemblées délibérantes, on est forcé de constater que les plus insensés sont ceux qui parlent le plus, et que les plus sages sont ceux qui, faute d'idées, ne parlent pas du tout. Où est donc l'homme de bon sens, l'homme loyal, l'homme juste et ferme dans ses desseins (*), Si Diogène revenait en ce monde et chez nous, il se promènerait longtemps avec sa lanterne avant de le rencontrer. Jusqu'à quand serons-nous le jouet des bavards et des intrigants. Pour ne pas être dupe, il ne faut jamais croire un homme sur ses paroles et ses promesses ; il faut le juger d'après ses actes. Lorsque nos

(*) *Justum et tenacem propositi virum ?*

députés s'abstiennent de siéger assidûment, qu'ils ne considèrent leur mission que comme une sinécure, un profit ou un honneur ; lorsqu'ils abusent de notre confiance et de notre argent avec une désinvolture qui accuse ou de l'inconscience ou de l'indélicatesse ; lorsqu'ils méconnaissent notre volonté et nos intérêts pour n'agir qu'à leur guise, vivre à nos dépens et ne s'occuper que de leurs propres affaires, ne nous font-il pas jouer le rôle de dupes, de gens naïfs, incapables de voir clair et bons seulement pour payer ? Il importe donc que nous sachions à qui nous avons affaire, et que nous connaissions les actes de leur gestion. S'ils trompent notre attente, s'ils manquent à leurs promesses, notre devoir est de les réprouver et de les révoquer, comme tout fondé de pouvoir incapable ou infidèle.

Le suffrage universel est encore pour nous un devoir sacré. Notre sort et celui de la nation tout entière en dépendent. Aussi, nous n'avons pas le droit de nous en abstenir. L'abstention est la désertion de l'intérêt général ; c'est un crime de haute trahison;elle a des conséquences incalculables ; elle peut ouvrir la porte à des adversaires qui nous soumettraient à leur système de privilèges, d'injustices et de despotisme. En tout cas, elle ôte à nos représentants cette force qui fait leur autorité et celle des lois. Ayons assez de caractère pour ne pas subir l'influence perfide des hommes qui sont intéressés à nous détourner de notre devoir, pour ne pas succomber à la crainte de leur déplaire ni à l'appât de leurs promesses, de leur faveur et de leur protection. N'abjurons jamais nos devoirs, n'abdiquons jamais nos droits. Au moment solennel des élections, nous devons faire taire nos divisions intestines, nos discordes et nos haines personnelles. Nous devons nous grouper, éclairer et nous adjoindre ceux dont l'opinion est indécise. Si nous voulons fermement, notre triomphe sera assuré.

Nous triompherons de nos adversaires qui, depuis dix-huit ans, font des efforts désespérés pour resaissir le pouvoir et leurs priviléges ; nous triompherons de nos concitoyens aveuglés, qui reconnaîtront que la République en relevant tout le monde ne rabaisse personne, qu'en favorisant le bien-être de tous elle ne détruit la prospérité d'aucun. Nous triompherons des monarques qui nous menacent, parce que le droit est inexpugnable, parce que les idées sont plus fortes que les armes, qu'elles passent par-dessus les frontières, et que les peuples, éclairés par nos principes, instruits par notre exemple, se ranimeront, redresseront la tête, viendront à nous et nous tendront fraternellement la main. Le jour où la République sera solidement et complètement établie en France, la réconciliation des peuples sera faite et les monarques auront vécu.

L'année prochaine, il y aura juste un siècle que nos pères ont pris les armes, renversé la Bastille et versé leur sang pour la République.

L'année prochaine, par une singulière coïncidence, nous serons appelés à renouveler le corps législatif, à faire usage du suffrage universel, notre arme pacifique, mais invincible, servons-nous en pour nous débarraser des derniers restes de la monarchie et pour asseoir la République sur sa base définitive.

35